NOTICE HISTORIQUE

SUR LE CARDINAL

JEAN DE ROCHETAILLÉE

NOTICE HISTORIQUE

SUR

LE CARDINAL

JEAN DE ROCHETAILLÉE

PAR

M. L'ABBÉ CHRISTOPHE.

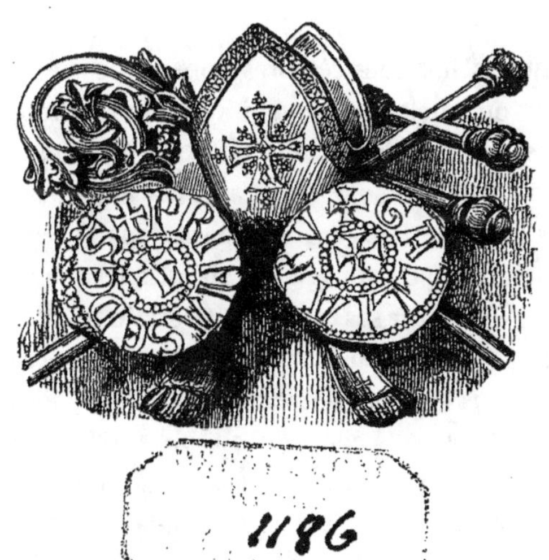

LYON

IMPRIMERIE D'AIMÉ VINGTRINIER

Quai Saint-Antoine, 36

1854

NOTICE HISTORIQUE

LE CARDINAL

JEAN DE ROCHETAILLÉE.

Il est des hommes célèbres dont il ne s'est conservé que le nom ou quelques souvenirs vagues, parce que les biographes contemporains les ont négligés et que l'indifférence de ceux qui sont venus après a laissé, sans les recueillir, les lambeaux de leur vie épars dans les chroniques et les collections. Le personnage dont il est question ici est un de ces hommes. Il sut par ses talents se tirer d'une condition vulgaire, s'élever par degré au faîte des honneurs ecclésiastiques, se mêler à tous les grands événements de son siècle, et pourtant jusqu'ici il est resté inconnu au pays qui lui donna le jour. Il y a donc une sorte de réparation à arracher de l'obscurité une existence qui a des droits incontestables à la publicité.

Jean de Rochetaillée naquit à trois lieues de Lyon, au village de Rochetaillée (1), dans la seconde moitié du XIVe siè-

(1) *Gallia Christiana.* t. xiii, p. 304.—Joannis Jacobi Chiffletii, *Vesontio Civitas imperialis. Lug.*, in-4, 1618, p. 295. — Aubery, *Hist. génér. des cardinaux*, t. ii, p. 118. — Frison, *Gallia purpurata*, p. 480.

cle ; mais on ignore quelle année. Comment s'appelait–il ? on ne le sait pas davantage. Le nom de son pays sous lequel il est partout désigné a totalement fait disparaître son nom patronymique. Il n'est rien demeuré à cet égard dans les souvenirs de la localité. Sa maison natale dont il subsiste encore quelques ruines était appelée la *Maison du Pêcheur*. Effectivement, le père de Jean exerçait le métier de la pêche, c'était là sa ressource unique pour vivre, et elle n'était pas grande à cette époque ; ce qui explique la profonde obscurité dans laquelle sa famille est restée enveloppée. On sait bien peu de choses sur l'enfance et la jeunesse de Jean. La tradition du pays dit que le curé du village, charmé des dispositions qu'il remarqua en lui, se chargea de sa première éducation, pourvut généreusement à ses besoins et le fit entrer ensuite parmi les enfants de chœur de la Primatiale de Saint-Jean de Lyon, où il continua ses études (1). Plus tard, Jean fit avec succès son cours de philosophie, celui de théologie, d'où il passa à la jurisprudence et reçut le double titre de docteur en droit civil et en droit canon. On doit présumer que ce fut dans l'université de Paris ; car, sitôt ces titres acquis, nous le voyons devenir officiai de l'église de Rouen (2). Il passa bientôt de cette charge à celle de correcteur des lettres apostoliques. Ces nouvelles fonctions lui valurent la dignité de Patriarche de Constantinople qui lui fut conférée avec l'administration perpétuelle de l'évêché de Saint-Papoul. C'était au commencement de l'année 1413 (3).

L'Eglise se trouvait dans le plus déplorable état ; depuis trente-quatre ans un schisme violent, tenace, la désolait. En croyant remédier à l'anarchie, le Concile de Pise, assemblé

(1) *Gallia Christiana*, loc. cit. — Frison, loc. cit. — Aubery, loc. cit.

(2) *Gallia Christiana*, loc. cit. — Frison, loc. cit. — Aubery, loc. cit.

(3) *Gallia Christiana* , t. xiii, p. 304. — Guillaume Cattel. *Mémoires de l'histoire du Languedoc*, in-fol. , p. 1027.

en 1409, n'avait fait que l'aggraver. Au lieu de deux pontifes rivaux, trois se disputaient la Chrétienté. Grégoire XII, retiré à Rimini, ralliait à son autorité la moitié de l'Italie, une partie de l'Allemagne et les régions du nord; Benoît XIII, du haut du rocher de Paniscola, régnait sur l'Espagne et l'Ecosse; enfin, Jean XXIII commandait au reste du monde. C'était ce dernier pontife qui avait nommé Jean de Rochetaillée à Saint-Papoul, mais les circonstances ne permirent pas à l'élu de prendre pacifiquement possession de son évêché. Le comte de Foix, Jean de Grailli, qui soutenait le parti de Benoit XIII et qui régissait la province du Languedoc avec le titre de capitaine général, se servit de l'autorité que lui conférait sa dignité pour fermer à Jean de Rochetaillée l'entrée de son église. De son côté, le vicomte de Carmain qui voulait faire tomber l'évêché à l'abbé de Lezat, son parent, appuyé du comte de Foix et de Guillaume de Vienne, seigneur de Saint-Georges, obligea les religieux bénédictins qui composaient le Chapitre de Saint-Papoul d'élire cet abbé. L'archevêque de Toulouse, métropolitain de Saint-Papoul, ayant déjà approuvé la nomination de Jean de Rochetaillée, refusa de reconnaître cette élection schismatique. Mais l'abbé de Lezat s'empara à main armée du palais épiscopal, du château de Villespin, qui était du domaine temporel de l'évêché, ainsi que de l'église de Saint-Papoul. Cette affaire qui causa de grands troubles dans le diocèse, fut portée au Parlement de Paris (1).

Il est à présumer que ce tribunal qui reconnaissait l'autorité de Jean XXIII prononça en faveur de Jean de Rochetaillée. Aucun document ne dit toutefois que ce prélat ait séjourné à Saint-Papoul. Nous trouvons même, à la date du

______

(1) *Histoire du Languedoc*, t. IV, liv. XXXIII, p. 432. — *Ex archivio monspelliensi ap. Gall. Christ.*, loc. cit.

15 juin 1413, une lettre de Jean XXIII qui attesterait qu'il en fut constamment absent, car cette lettre le chargeait de se rendre, avec le titre de légat *a latere* en Espagne, ainsi que dans les comtés de Foix et d'Armagnac pour en amener les princes à reconnaître l'autorité du concile de Pise. L'évêque de Saint-Papoul partit, en effet, pour le lieu de sa légation; on lui permit d'exercer librement son mandat pacifique, mais tout prouve que ses efforts n'aboutirent à aucun résultat (1). Pendant qu'il travaillait pour le Concile de Pise, une nouvelle assemblée s'ouvrait à Constance, chargée d'annuler les conséquences de la première. Il y vint en 1415 et prit place dans le rang des patriarches. Nous retrouvons son nom parmi les trente députés que les nations adjoignirent au collége des cardinaux pour l'élection du souverain pontife; il eut l'honneur de donner son suffrage à Martin V (2).

Frison et J.-J. Chifflet disent que l'évêque de Saint-Papoul fut fait patriarche d'Aquilée au Concile de Constance. C'est une erreur. Le patriarchat d'Aquilée n'était pas vacant; Louis, duc de Dekk, l'occupait (3). D'ailleurs, Jean de Rochetaillée ne figure point dans la nomenclature des patriarches d'Aquilée, et nous le verrons plus tard désigné sous le même titre de patriarche de Constantinople qu'il portait au Concile.

Le rôle que joua à Constance Jean de Rochetaillée fut secondaire. Il y avait tant de personnages éminents dans l'assemblée que, quelque fût le mérite de notre compatriote, il dut trouver des émules qui le forcèrent à l'obscurité. Avec des hommes tels que Guillaume Filastre, Pierre D'Ailly, François Zabarella, Jean Gerson, il était mal aisé de prétendre au premier rang. Nous ne saurions douter toutefois que sa conduite n'y ait été celle d'un homme prudent, modéré, habile

(1) *Gallia Christiana*, t. xiii, p. 305.
(2) Voir la xlie session du Concile de Const., dans Von der Hardt, t. v.
(3) Von der Hardt., t. vi. ad insignia patriarcharum.

à se concilier la faveur des grands, quand on le voit dès lors, plus que tout autre, avancé dans l'affection de l'empereur Sigismond, ainsi que dans les bonnes grâces de Martin V. Il ne tarda pas à éprouver les effets de ce crédit. Le Concile de Constance était à peine terminé qu'il échangeait l'administration de l'évêché de Saint-Papoul contre celle de l'évêché de Genève, devenu vacant par la translation de Jean de Bertrandis à l'archevêché de Tarentaise. Il prit possession de son nouveau siége dans les premiers mois de l'année 1419.

Dès le début de son administration, Jean de Rochetaillée traita une affaire importante qui lui fournit l'occasion de faire briller sa sagacité et sa prudence. Ce fait exige quelques détails.

En retournant de Constance à Rome, Martin V avait séjourné à Genève l'espace de trois mois. Pendant ce temps, le souverain de la Savoie et du Piémont, Amé VIII, s'était appliqué à faire sa cour au pontife. On devait bientôt apprendre pourquoi. Ce prince que Sigismond venait tout récemment d'élever à la dignité de duc, prétendait aussi obtenir du pape la souveraineté de Genève qui, jusque-là, avait été gouverné par l'autorité de ses évêques. En effet, le 28 mars 1419, six mois après le départ de Martin V de Genève, Amé lui présenta à Florence une requête dans laquelle il s'efforçait de persuader au chef de l'église que l'ordre civil et ecclésiastique ne pouvait que gagner à ce que le souverain de la Savoie étendit aussi sa juridiction sur la cité génevoise.

Martin V, qui voulait contenter le duc sans porter atteinte aux droits des pasteurs de la ville convoitée, appointa la requête, mais avec cette clause : « S'il est expédient et s'il plaît aux évêques de Grenoble, de Mâcon et à l'abbé de Saint-Sulpice de l'ordre de Cîteaux, diocèse de Belley. » On ne saurait dire pourquoi le chef de l'Église avait omis dans cette clause le nom de l'évêque de Genève.

Sans doute, ce n'était pas chose facile que d'obtenir ce tri-
ple consentement, mais il pouvait être obtenu. Jean de Rochetaillée entrevit le coup qui menaçait sa ville épiscopale et
fit mouvoir en cour de Rome des ressorts si puissants, que,
malgré tout son crédit, le duc de Savoie ne put arracher à
la chancellerie l'expédition de la bulle d'investiture. Amé
comprit qu'il n'atteindrait jamais son but s'il ne mettait l'é-
vêque de Genève de son côté. Il vit donc ce prélat à Cham-
béry, lui expliqua ses vues et le pria de ne pas s'opposer davantage à ses légitimes prétentions, promettant en retour, à
lui évêque ainsi qu'à l'Eglise de Genève, une compensation
dont ils auraient lieu de s'applaudir.

Si enlacé qu'il dût être par ces offres attrayantes, Jean de
Rochetaillée sut trouver une réponse pour y échapper. Il dit
au duc qu'il avait besoin de conseil pour se décider ; qu'appelé depuis peu de temps à l'administration de son diocèse,
il n'était pas assez instruit de l'état et de son église et de sa
ville épiscopale pour savoir par lui-même ce qui leur était
avantageux ou nuisible ; qu'au reste, dans tous les cas, la
proposition du duc constituait une question trop grave pour
qu'il osât la résoudre sans l'avis et le consentement du clergé,
du peuple, des syndics de la commune, des vassaux de l'Eglise
et de la cité. Amé ne pouvait rien opposer à de si justes ob-
servations, et il se vit obligé d'attendre le résultat des dé-
marches de l'évêque.

Le dernier jour de février 1420, le clergé, les bourgeois,
les syndics, les vassaux de l'Eglise et de la cité de Genève
s'assemblaient dans le cloître de Saint-Pierre. Là, Jean de
Rochetaillée, après leur avoir donné connaissance de la requête
du duc, de l'approbation du souverain pontife, de l'opposition
que lui évêque avait faite à l'expédition de l'acte d'investiture,
de la compensation par laquelle Amé s'offrait à dédommager
l'Eglise et la ville, il leur demanda ce qu'ils jugeaient à propos

de faire. Les députés se retirèrent pour délibérer, après quoi ils
firent répondre par l'organe d'un bourgeois, Hudriod Hérémite, que la ville de Genève et ses dépendances ayant prospéré pendant l'espace de quatre cents ans sous l'autorité pacifique de l'Église, il ne leur paraissait ni utile ni honorable
pour l'Eglise et pour le prélat de songer à aucune aliénation
ou échange de domaine ; qu'un acte pareil aurait certainement, pour l'état et la communauté, les conséquences les
plus funestes ; que ce considérant, ils ne souffriraient jamais
qu'on leur imposât une domination étrangère, et étaient fermement résolus à vivre et à mourir comme leurs pères sous
le gouvernement de leur évêque. L'on nous permettra bien,
pour la gloire de notre cause catholique, de prendre acte de
cet aveu solennel. Lorsque le protestantisme helvétique écrase
partout le catholicisme sous le poids de sa tyrannie, il est bon
de remarquer que, un siècle avant de secouer le joug de l'Eglise
romaine, la cité qui devait devenir le foyer de la réforme,
rendait un sincère et éclatant hommage à l'administration
paternelle de ses chefs spirituels.

Après que l'orateur eut cessé de parler, Jean de Rochetaillée
déclara que le sentiment de l'assemblée était aussi le sien, et,
séance tenante, il fit rédiger par la main d'un notaire un acte
authentique, par lequel l'évêque et les bourgeois s'engageaient
réciproquement à ne jamais consentir à aucune aliénation ou
échange sans l'avis exprès les uns des autres. Puis l'évêque,
la main sur la poitrine et les citoyens la main sur les Évangiles, jurèrent de ne jamais contrevenir à cet engagement (1).
Devant une protestation aussi énergique, Amé dut au moins
ajourner ses prétentions. C'est ainsi que, par l'adresse de

____

(1) Spon , *Hist. de Genève*, in-4, 1730 , t. **1**, p. 75 et suiv., et t. ii,
p. **134**, où se trouve la pièce intitulée : *Acordium perpetuum inter episcopum et consilium generale*, etc.

Jean de Rochetaillée, la ville de Genève échappa au plus grand danger qu'elle eût couru jusque-là de perdre sa liberté.

Pour compléter l'échec du duc de Savoie, trois mois après, le 6 juin 1420, parut un décret de Sigismond, dans lequel l'empereur prenait sous la sauvegarde de l'aigle impériale la ville de Genève, ses dépendances, ses droits, exemptions et libertés, défendant à tout prince, baron, quelles que fussent leur dignité ou condition, et spécialement au duc Amé, de troubler l'Eglise de Genève dans le libre exercice de sa puissance (1). Cette bulle protectrice était visiblement due à la considération dont Jean de Rochetaillée jouissait auprès de Sigismond. On n'en peut douter quand on voit l'empereur prodiguer à l'évêque des termes comme ceux-ci : « Notre dévoué, notre bien-aimé, *noster devotus dilectus* ; » et déclarer qu'il tient compte des nombreux mérites de bonté et de vertu par lesquels le seigneur Jean se distingue à ses yeux. *Nos habentes respectum ad multa bonitatis et virtutum merita quibus D. Joannem refulgere comperimus.*

Claude Spon, qui nous a fourni ces détails si glorieux à notre prélat, présume que ce fut Jean de Rochetaillée qui fit construire le palais de l'évêché de Genève. La raison qu'il en donne est qu'on voit gravées, sur une des pierres de l'édifice, des armoiries portant une bande chargée de trois dauphins. Or, Jean de Rochetaillée portait de gueules à la bande d'or chargée de trois dauphins d'azur. Mais cette raison n'est pas péremptoire.

Notre prélat administra Genève pendant trois ans. En 1422, il vint remplacer à Paris Jean de Courtecuisse, qui passa lui-même à Genève, le 22 octobre de la même année. Il serait impossible d'imaginer des circonstances plus malheureuses

(1) Spon, *Hist. de Genève*, t. ii. — *Bulla imperatoris Sigismundi*, parmi les Pièces justificatives, p. 163.

que celles où le nouvel évêque de Paris prit possession de son siège. Humilié par trois sanglantes défaites, notre pays se voyait forcé de subir le joug de l'étranger. Devenu héritier de la couronne de France par un traité ignominieux et subreptice, arraché à la faiblesse d'un monarque depuis longtemps privé de sens, le roi d'Angleterre, le vainqueur d'Azincourt, Henri V résidait à Paris et dictait la loi à un peuple accablé de misères et de souffrances. Ce prince mourut, il est vrai, le 21 août 1422, au milieu de ses plus grands triomphes, mais son trépas ne changea rien à l'état des choses, et celui de Charles VI qui eut lieu deux mois après ne fut qu'une calamité de plus.

Jean de Rochetaillée arriva comme à point nommé pour rendre les derniers devoirs à son infortuné souverain. Ce fut lui en effet qui, accompagné des évêques de Chartres et de Térouanne, reçut le corps de Charles VI dans l'église cathédrale de Notre-Dame et officia à la messe solennelle célébrée pour le repos de l'âme du monarque (1). L'année suivante, 1423, il ratifia la fondation du collége de la Marche, faite par Guillaume de la Marche et Beuve de Vinville, confirma les statuts de l'établissement et ordonna qu'en mémoire des deux fondateurs il porterait le titre de la *Marche-Vinville*. Mais cette double dénomination ne fit pas fortune, et le collége ne retint que celle de la *Marche* (2). Un des actes notables de Jean de Rochetaillée pendant son administration, fut la consécration de l'église de Saint-Pierre-des-Assis, qui eut lieu le 24 mars 1424 (3). Il ne fit du reste que passer à Paris.

(1) *Chronique de Monstrelet*, liv. i, c. cclxxvii.

(2) *Les antiquités de la ville de Paris*, par Dubreuil, liv. ii, p. 347,. — *Histoire de la ville de Paris*, par doms Félibien et Lobineau, t. ii, liv. xvi, p. 805.

(3) *Gallia Christiana*, t. vii, p. 145. — *Histoire et recherches des anti-*

Jean de Harcourt, archevêque de Rouen, étant mort, le
Chapitre de l'Eglise de Rouen élut, au mois de février 1424,
pour le remplacer, Jean de Rochetaillée. Cela n'eut point lieu
toutefois sans opposition. Plusieurs chanoines donnèrent leur
voix à Nicolas Vanderes, archidiacre d'Auch, mais notre prélat l'emporta sur son concurrent. Il prit possession de son
siége par procureur, vers la fin de septembre 1424, et, un
mois après, il fit son entrée solennelle dans sa ville archiépis-
copale. C'est avec le titre d'archevêque de Rouen qu'il parut
au Concile de Sienne et fut le chef des prélats français qui
assistèrent à cette assemblée (1).

En voyant notre compatriote accepter de tels honneurs sous
la domination des hommes qui opprimaient la France, nous
éprouvons une impression douloureuse; nous en sommes à dé-
sirer, pour les renseignements, la pénurie que nous regrettons
ailleurs, afin de pouvoir douter au moins des sentiments et de
la conduite de Jean de Rochetaillée. Malheureusement, les té-
moignages sont là positifs et clairs pour prouver que notre
prélat ne marchait point avec le parti français qui défendait
l'indépendance nationale ; qu'il voyait, sinon avec plaisir, du
moins avec indifférence nos belles provinces passer sous le
joug des Anglais. Il n'est que trop vrai qu'il ne fut appelé
de Genève à Paris pour remplacer Jean de Courtecuisse qu'on
haïssait, en étant haï, que parce qu'on était sûr de ses sym-
pathies pour le nouvel ordre de choses. Il n'est que trop vrai
qu'il devint bientôt l'ami intime du duc de Bedford et entra
dans le Conseil de la Régence avec une pension annuelle de
mille livres tournois (2). Or, si ce fut par l'ambition de pa-
raître sur un plus grand théâtre que Jean de Rochetaillée sa-

---

quités de la ville de Paris, par Sauval, t. ı, liv. ıv, p. 384. — Aubery, *Hist.
des card.,* loc. cit.

(1) *Gallia Christ.,* t. xı, p. 87.
(2) *Gallia Christ.,* t. xı, p. 87.

crifia son patriotisme, à coup sûr il n'a point cherché la véritable gloire. L'on préférera toujours le modeste évêque luttant à Saint-Papoul contre le schisme, à Genève pour conserver l'indépendance et les franchises de la cité, à l'administrateur de Paris et de Rouen, revêtu de titres plus brillants sans doute, mais moins purs et moins honorables.

En 1426, Martin V mit le comble à la fortune de Jean de Rochetaillée en le faisant cardinal du titre de Saint-Laurent in Lucina, dans sa promotion du 24 mai (1). La bulle qui conférait au prélat cette grande dignité lui maintenait l'administration de l'archevêché de Rouen. Jean de Rochetaillée fit approuver cette réserve par le roi d'Angleterre. Toutefois, malgré la double autorité dont elle était munie, le Chapitre refusa de l'accepter. Il s'en suivit une longue contestation qui ne put être terminée que par un traité entre l'archevêque et les chanoines (2).

Jean de Rochetaillée occupa peu de temps l'archevêché de Rouen après cette transaction. La renommée administrative qu'il s'était faite, les titres éminents dont il était revêtu engagèrent le Chapitre de la ville de Besançon à le demander pour pasteur, après la mort de l'archevêque Théobald, et Martin V confirma son élection au mois d'octobre de l'année 1429, sans lui ôter toutefois son titre de cardinal de Rouen, qu'il conserva toujours dans le sacré Collège. Jean de Rochetaillée devint, par sa nouvelle position, prince de l'Empire (3). Mais le bonheur et la tranquillité ne l'y accompagnèrent pas. Son prédécesseur lui avait laissé des difficultés à résoudre, et il eut, pendant presque tout son pontificat,

(1) Ciacconius, t. ii, in vita Martini V, p. 841.

(2) *Gallia Christ.*, t. xi, p. 87 et aux Pièces justif., n. xlix.

(3) Sigismond le nomme dans deux de ses lettres : notre prince, *princeps noster.*

à soutenir, soit avec son clergé, soit avec les citoyens de Besançon, des luttes qui lui causèrent de l'embarras, et faillirent le brouiller avec Sigismond, qui lui reprocha, en 1434 dans une lettre, des excès contre la majesté impériale (1).

Au mois de février 1431 mourut le pape Martin V. Jean de Rochetaillée fut au nombre des cardinaux qui se trouvaient à Rome à cette époque et qui entrèrent au conclave pour élire le futur pontife. André Billius raconte, dans sa chronique, au sujet de cette élection, une curieuse anecdote que l'on ne retrouve dans aucun autre historien, et qui mérite, par la même, d'être relevée, car, en général, la narration d'André Billius nous semble écrite sur de bons renseignements. Voici cette anecdote extraite aussi fidèlement que nous avons pu le faire d'un latin presque barbare : « Les suffrages, dit le chroniqueur, s'éparpillèrent d'abord et ne donnèrent aucun résultat satisfaisant. Alors ceux qui, par leur autorité et leur crédit, prétendaient à la papauté, se mirent à solliciter les suffrages de leurs coélecteurs, promettant à chacun d'eux des grâces en retour de la faveur qu'ils en espéraient. Un cardinal espagnol parvint, de cette manière, à réunir un nombre de voix suffisant pour lui donner la supériorité sur les autres candidats, insuffisant toutefois pour assurer son élection. Il s'adressa à un cardinal français qui lui avait de l'obligation, et lui demanda de compléter les suffrages qui lui manquaient. Mais, contre son attente, ce cardinal résista à toutes les instances et refusa obstinément de donner sa voix. Alors le candidat déçu, voulant échapper à la honte d'un échec, nomma lui-même Gabriel Gondelmer. Tout le conclave se

---

(1) *Non advertendo excessus quos in majestatem nostram commiserat. litteræ Sigismundi ad Concili Basil.* Ap. Martenne et Durand, t. viii p. 720. — Voir J.-J. Chifflet, p. 296.

rangea à son avis et salua pape ce cardinal qui prit le nom d'Eugène IV (1). » André Billius ne dit point, il est vrai, quels étaient les deux cardinaux, mais on doit présumer que le cardinal espagnol était Alfonse Carillo, prélat d'une magnificence presque royale, et qui avait de hautes prétentions. Quant au cardinal français, ce ne peut être que Jean de Rochetaillée, puisqu'il était le seul cardinal français présent au conclave.

Quelques mois après cet événement, l'un des plus éclatants de la vie de notre cardinal, le concile de Bâle ouvrait ses orageuses séances. Convoqué pour travailler à la réforme de l'Eglise, cette assemblée oubliant son but, ne tarda pas à tourner contre le souverain pontife son activité et les moyens dont elle disposait. Les prélats n'arrivaient qu'avec une extrême lenteur. Le lieu qu'on avait désigné semblait ne pas leur convenir, il n'était point surtout à la portée des Grecs qui offraient de se réunir à l'Eglise latine, et demandaient pour cela une ville d'un abord plus commode. Pénétré de ces raisons, Eugène IV transféra le concile à Bologne. Mais les quelques prélats qui se trouvaient déjà à Bâle, s'imaginant que le Pape voulait, par cette translation, entraver l'œuvre de la Réforme, refusèrent d'obéir. Ils trouvèrent des partisans, et des souverains puissants patronèrent leur résistance. Alors, grâce à des idées qu'on devait au grand schisme, il n'était pas clair pour tous les yeux que le chef de l'Eglise pût dissoudre ou transférer un Concile général légitimement convoqué. Une lutte déplorable fut la suite de cette erreur. Eugène IV menaça, les Pères de Bâle répondirent par des procédures, et l'assemblée, qui devait par des voies pacifiques accomplir la destruction des abus, devint comme une arène où les

____

(1) Andreæ Billi, *Hist. Mediolanensis*, lib. 9, p. 143. Ap. Muratori. *Rer. ital. Scrip.*, t. XX.

pouvoirs de l'Eglise se combattirent pendant de longues années, sans profit pour aucune cause.

De même qu'il y eut des princes, des évêques, des docteurs, des universités dans les intérêts du Concile ; il y eut aussi, dans le sacré Collége, des membres qui partagèrent ses opinions et ses vues. Jean de Rochetaillée fut de ce nombre. Dès le début du Concile, un décret des Pères avait sommé les cardinaux, sous la menace des peines canoniques, de se rendre à Bâle. Ceux qui le purent obéirent. Mais la chose était difficile à ceux qui se trouvaient auprès du Pape. Jean de Rochetaillée imagina un stratagême qui lui réussit. Il prétexta des motifs de santé pour sortir de Rome et se rendre à la campagne, puis de là il s'échappa sous un déguisement (1). Malgré ses efforts, il n'arriva pas à Bâle pour le mois de septembre 1432, époque à laquelle expirait le terme de la sommation. Mais il ne fut pas pour cela déclaré contumace, parce qu'il avait pris à temps ses précautions, et que l'auditeur même du président justifia son absence par des raisons que l'assemblée jugea satisfaisantes (2).

A cette époque là, Jean de Rochetaillée était auprès de Sigismond, qui se trouvait alors en Italie, se rendant à Rome pour recevoir la couronne impériale. Et ce prince, écrivant aux Pères du Concile, prenait la peine de leur expliquer pourquoi notre prélat, au lieu de siéger à Bâle, séjournait à sa cour. « Nous éprouvions, dit-il, une grande joie de ce que le révérend Père en J.-C., Jean, cardinal de Rouen, notre ami très-cher, s'était mis en route pour se rendre auprès de vous, car, la présence au Concile d'un homme aussi puissant que lui en autorité, en sagesse et en expérience ne

____

(1) Garimberti. *Vite o Vero Fatti Memor. d'alcuni papi et card.*, in-4, lib. 3, p. 230.

(2) Labbe, t. xii Sess. vi *Concil. Basil.*, p. 495.

peut qu'être d'un grand poids dans l'assemblée. Mais des négociations qui intéressaient le saint Empire s'étant engagées entre notre majesté, d'une part, et la république de Florence, de l'autre, nous avons réclamé l'intervention de sa paternité, comme prince de l'Empire. Cette intervention nous a été très-utile. Mais voici qu'après deux mois employés à servir notre cause avec fidélité et zèle, sa paternité revient à Sienne près de nous pour la conclusion d'un traité; elle n'y fera qu'un court séjour, après quoi elle reprendra sa marche vers le Concile (1). » Cette lettre porte la date du 8 février 1433.

Quelle était cette affaire dans laquelle les bons offices de Jean de Rochetaillée furent utiles à l'Empereur? il serait difficile de le dire. Sigismond en poursuivait alors une importante, la réconciliation des Florentins, des Vénitiens et du duc Philippe-Marie Visconti de Milan qui se faisaient depuis longtemps une guerre meurtrière, mais ce ne peut être celle là. L'empereur parle d'une affaire arrivée à bon terme, tandis que la réconciliation des puissances belligérantes ne fut point menée à bout par les soins de Sigismond, mais bien par la médiation de Nicolas d'Este et du marquis de Saluce, qui décidèrent les parties à signer, le 26 avril 1433, à Ferrare, un traité de paix (2). Or, le traité dont Jean de Rochetaillée apportait la conclusion à Sienne avait précédé celui-ci de trois mois au moins. D'où il résulte que l'affaire dont parle Sigismond ne peut être qu'un traité ayant pour but des intérêts personnels qui n'ont laissé aucune trace dans l'histoire. Il paraîtrait que, le 23 février, c'est-à-dire quinze jours après, la mission de Jean de Rochetaillée était accom-

---

(1) Martenne et Durand, *Ampl. Coll.*, t. viii, p. 533.

(2) *Muratori annali d'Italia*, anno 1432. — Sismondi, *Hist. des républ. Italiennes*, t. ix, p. 17.

plie , car l'empereur, à cette date , écrivait au Concile que ce cardinal se rendait à Bâle (1).

La présence de Jean de Rochetaillée , dans la célèbre assemblée , n'y fit pas cette sensation qu'y produisait alors celle de Julien Césarini , et qu'y fit plus tard le fameux Louis Aleman , cardinal d'Arles. Il n'avait ni la brillante éloquence du premier , ni la fougue révolutionnaire du second ; et si nous avons bien saisi ses qualités distinctives, son caractère était positif, son esprit calme , réfléchi , sa conduite mesurée. Or, ce n'est point avec de telles qualités que l'on acquiert une influence dominatrice au milieu d'une grande assemblée. Les natures ainsi pourvues sont plus assorties aux fonctions administratives , et le Concile nous semble avoir apprécié notre prélat sous ce rapport , puisqu'il lui confia la charge de vice-chancelier, lorsqu'il voulut créer une Chancellerie rivale de la Chancellerie romaine (2). Le cardinal osa accepter cette dignité schismatique et en exercer les fonctions. Ici la conduite de Jean de Rochetaillée est de tous points injustifiable. Ne soyons pourtant pas plus sévère à son égard qu'il ne convient, et faisons la part des circonstances, de l'entraînement, surtout celle des opinions extrêmes qui égaraient alors les intelligences les plus éclairées. Hâtons-nous aussi d'ajouter qu'il ne persévéra pas longtemps dans sa révolte. Comme tous les hommes ardemment attachés à l'Eglise , notre cardinal voulait des réformes sages , non une révolution. Il cessa bientôt de prendre part aux actes du Concile quand il le vit tendre , d'une manière ouverte, au renversement de l'autorité pontificale, et vint se jeter aux pieds d'Eugène IV qui lui pardonna son erreur d'un jour (3). On ajoute même que le pape le

(1) Martenne et Durand , *ubi supr.* , p. 534.

(2) Labbe , t. xii , p. 536.

(3) Aubery , **Hist. des Card.** *ubi supr.* — Garimberti , *Vite o Vero Fatti Memorabili d'alcuni Papi et Cardinali* , lib. 3 , p. 330.

confirma dans la charge de vice-chancelier et lui donna la
légation de Bologne. Mais ces deux particularités, dont nous
n'avons trouvé la source nulle part, paraissent au moins
douteuses, la dernière surtout, bien que rapportée par Onu-
phre Panvini (1). La chronique de Bologne, qui note avec
une rare exactitude les Gouverneurs pontificaux, ne met
point Jean de Rochetaillée au nombre des légats de Bologne,
elle se contente de dire que ce cardinal faisait partie de la
cour d'Eugène IV, lorsque le Pontife fit son entrée à Bologne ;
le 22 avril 1436 (2). Il y mourut le 24 mars de l'année suivante. Il ne nous est revenu aucune particularité authentique
sur ses derniers instants. On rapporta son corps en France,
et on l'inhuma, à Lyon, dans le chœur de la primatiale de
Saint-Jean, où ses restes mortels reposent encore sous une
humble pierre, sans aucune inscription (3).

Le Père Novaës dit que le cardinal de Rochetaillée fit bâtir,
à Rome, le palais de Saint-Laurent in Lucina, qu'habitent
les titulaires (4). Nous croyons Novaës dans l'erreur. Ce fut
un cardinal anglais qui, en 1300, jeta les fondements de ce
palais. Peut-être Jean de Rochetaillée y ajouta-t-il, mais
cela est encore douteux. Notre cardinal n'est nommé ni parmi
les constructeurs, ni parmi les restaurateurs de cet édifice (5).
Ce qu'il fit pour son pays natal est plus certain. La tradition
locale lui attribue l'ouverture de la route qui longe la Saône
et l'érection de la chapelle qui joint, au midi, la petite église
paroissiale de Rochetaillée. Elle est aujourd'hui dédiée à la
Vierge Marie. On y voyait encore, à la fin du siècle dernier,

(1) *In Vita Eugenii* IV.

(2) Cronica di Bologna, ap. Muratori. *Rer Ital. Scrip.*, t. XVIII. p. 657.

(3) Chiffletii Vesontio, p. 296.— *Ciaccon. in vita Martini V*, p. 841.

(4) *Storia de' Sommi Pontefici*, t. V, p. 77.

(5) Voir Angelo Rossi, *Rittrato di Roma Moderna*, p. 338. Et Venuti, *Descrizione di Roma Moderna*, t. II, p. 356.

les armes du cardinal. On y admirait aussi une belle verrière que le vandalisme révolutionnaire a détruite, et dont il ne reste plus qu'un très-intéressant échantillon dans une image du Christ en croix placé au fond de l'abside de l'église.

Après avoir exposé la suite des faits auxquels Jean de Rochetaillée s'est trouvé mêlé, nous nous demandons, tout naturellement, quelle est la valeur morale d'un tel personnage. A en juger par la ligne qu'il a parcourue, elle n'est point ordinaire. Il serait, en effet, difficile d'expliquer sa prodigieuse fortune sans lui supposer de rares talents. Un génie médiocre peut bien arriver, par la voie de l'intrigue, à une haute dignité, cela s'est vu plus d'une fois, mais il n'appartient qu'au véritable mérite de passer par une succession non interrompue d'éminentes dignités. Jean de Rochetaillée ne fut pourtant pas un grand homme, un de ces hommes qui marquent dans leur siècle par la supériorité du génie ou par la puissance du caractère. Ce fut simplement un habile homme, un de ces hommes tels qu'il en paraît à toutes les époques, fins, avisés, souples, entendant l'art de se prêter aux circonstances, procédant par le calcul et sachant arriver à propos; de ces hommes qui n'impriment pas le mouvement à ce qui les entoure, mais le dirigent, qui ne dominent pas les événements, mais en tirent parti et remplacent le génie par le savoir-faire. Les esprits élevés admirent d'autres mérites, le commun des esprits préfère ces mérites-là. Ils sont moins éloignés de terre, plus à portée de la vue. Ils n'éblouissent pas surtout. Comme personnage politique, comme prince de l'Eglise, la vie de Jean de Rochetaillée a quelques taches, nous ne les avons pas déguisées, tant s'en faut. On doit peut-être les lui pardonner aujourd'hui quand on se reporte aux temps où il vécut, quand on songe aux divisions qui ébranlaient alors la Monarchie et l'Église. Les révolutions sont de rudes épreuves pour les hommes publics, il n'y a que les grands caractères qui savent y résister. Mais comme prêtre, comme particulier, la conduite de notre cardinal fut irréprochable, et le pays qui lui donna le jour peut, à juste titre, s'énorgueillir de sa mémoire.

Nota. Le nom de *Cardinal*, que porte le pont situé sur le ruisseau de Sathonay à l'endroit où il se jette dans la Saône, semblerait être un monument encore existant de la munificence de Jean de Rochetaillée.